© 1999 Alfred Hahn's Verlag
Esslinger Verlag J. F. Schreiber · Esslingen, Wien
Anschrift: Postfach 10 03 25, 73703 Esslingen
Alle Rechte vorbehalten. (14526)
ISBN 3-87286-137-9

Weihnacht, Weihnacht überall!

Weihnachtsmärchen von Ernst Kutzer
Dichtung von Adolf Holst

ALFRED HAHN'S VERLAG · ESSLINGEN, vormals Leipzig

„O wie schrecklich ist es doch
und beinah zum Weinen:
Liesel hat im Kopf ein Loch
und nur eine Zehe noch
an den Puppenbeinen!
Und die Nase! Rudimann,
sieh dir bloß den Jammer an!
Ach, du armes Herzchen!"

„Als ob das was Schlimmes wär'!
So was gibt's ja immer.
Aber da – mein Teddybär,
der hat keine Arme mehr!
Das ist noch viel schlimmer.
Und hier hinten – welch ein Graus! –
guckt der ganze Häcksel raus!
Ist das nicht entsetzlich?"

„Denk' nur mal", sagt Roseli,
„was mir Mutter sagte,
– und du weißt sie irrt sich nie –
als ich ihr heut morgen früh
meinen Kummer klagte:
„Tröste dich noch eine Weil'!
Christkindlein macht alles heil,
wenn man nur schön bittet!"

„Wundervoll!" ruft Rudimann.
„Weißt du, was wir machen?
kommt die heil'ge Nacht heran,
setzen wir vors Fenster dann
die kaputten Sachen.
Fliegt das Christkind dann vorbei,
holt es sicher alle zwei –"
„Ja, das woll'n wir machen!"

Huhu! – huhu! heult der Winterwind
und rüttelt an Toren und Türen –
der Teddybär und das Lieselkind,
die sitzen vorm Fenster und frieren.

Sie sitzen ganz nah aneinander geschmiegt,
die armen Puppengesichter.
Der Schnee, der wirbelnd vom Himmel fliegt,
fällt dichter und immer dichter.

„Schöne Geschichte!" brummt Teddy jetzt
und strampelt sich warm mit den Beinen.
„Da haben sie uns nun hierher gesetzt,
die unvernünftigen Kleinen!

Wenn ich nur wüßte, warum und wozu
wir nun hier draußen hocken?
Die Nacht ist kalt, und der Wind macht huhu!
Und es rieseln und fliegen die Flocken."

„Ich bin ja so müde, mein Teddylein,
kann kaum meine Glieder mehr rühren."
„Liesel, kleine Liesel, schlaf' nur nicht ein!
Sonst wirst du am End' noch erfrieren."

„Ich schlafe ja nicht, ich wache ja noch,
mir ist nur so schwindlig und wehe.
Ich glaube, das macht im Kopfe mein Loch
und am Fuß die zerschlagene Zehe."

So sitzen die beiden vorm Fenster am Haus,
schon halb vom Schlummer bezwungen,
das Teddylein und die Lieselmaus,
und halten sich zärtlich umschlungen.

Plötzlich durch das Schneegewimmel
– wie ein Wunder, hoch und fern, –
flammt am mitternächt'gen Himmel
strahlend auf ein goldner Stern.
Und in seines Lichts Gefunkel
aus des Himmels sel'ger Höh'
rauscht's herab ins ird'sche Dunkel
flügelleicht und weiß wie Schnee.

Sind es Schwäne? Sind es Flocken,
hergeweht vom Weihnachtswind?
Oder gar in goldnen Locken
Engel, die gesendet sind?

Ja, sie sind's in hellen Scharen,
hoch vom Himmelsdome her
kommen sie herabgefahren,
brausend, wie ein brandend Meer.

Und allmählich sich verteilend
hin und her im Flatterflug,
hier sich eilend, dort verweilend,
schwirrt umher der holde Zug.
Und mit Kichern und mit Lachen
– häuserweit und blitzgeschwind –
sammeln sie die Spielzeugsachen,
die entzwei gegangen sind.

Was zu Schaden ist gekommen,
doch als heilbar ward entdeckt,
das wird heimlich fortgenommen
und in einen Sack gesteckt.
So viel Englein – so viel Säcklein,
vollgestopft bis obenaus,
und mit seinem Spielzeugpäcklein
surrt ein jeder stolz nach Haus.

Himmelaufwärts geht's in Eile,
flügelbrausend, Schar um Schar,
daß man liebreich droben heile,
was hier voller Wunden war!
Wie ein grüßend Wehn und Winken
schwindet's über Wolken fern,
noch ein letztes Glühn und Blinken –
und erloschen ist der Stern.

Nur so ein kleiner Flügelmatz,
der war noch nicht so weit,
flog – hurr di burr – als wie ein Spatz
und ließ sich mächtig Zeit.

Was grad' ihm vor die Nase kam,
da schnurrt' er keck drum rum.
Das Schleppen mit dem Spielzeugkram,
das war ihm viel zu dumm.

So schwirrt' er hier und schnurrte da
und pfiff sich eins dazu –
als er die zwei vorm Fenster sah,
da lacht' er laut: „Nanu!

Die Arme weg! Im Kopf ein Loch!
Ich glaube, das genügt,
daß ihr zwei Püppchen heute noch
mit mir zum Himmel fliegt!"

Flugs steckt' er sie ins Säcklein warm,
sie guckten kaum heraus:
Rechts sitzt der Teddy ohne Arm
und links die Lieselmaus.

Und ehe sie noch recht bedacht,
was eigentlich geschehn,
geht es – heidi – schon durch die Nacht
hinauf zu Himmelshöhn!

Mit Sauseflügeln wie der Wind
durch Winternacht und Schnei'n –
„Bist auch nicht bange, Lieselkind?"
„Frierst du nicht, Teddylein?"

Hinauf, hinauf zum Sternenkranz –
und höher noch empor!
Aus tausend Fenstern goldner Glanz!
Und dann – das Himmelstor!

O Himmelslicht, o sel'ger Schein!
O Wonne, wundersüß!
Die Liesel und das Teddylein –
sie sind im Paradies.

Hier war nun schon ein tolles Treiben,
das keine Feder kann beschreiben,
und wenn sie noch so willig wär'!
Dies Durcheinander hin und her!
Hinauf, hinab die goldnen Treppen
von Englein, die sich bucklig schleppen,
und sind doch kreuzvergnügt dabei!
Und wie's aus jedem Säcklein quillt
und kunterbunt die Halle füllt!
Doch sind die tausend schönen Sachen,
die kleinen Kindern Freude machen,
bald da entzwei, bald dort entzwei!
Da wimmelt es
und bimmelt es
von Schäfchen, welche Glöcklein tragen,
von halbzerbroch'nen Puppenwagen,
von Puppen selber, groß und klein.
Soldaten ohne Kopf und Bein,
ein himmelblauer Hampelmann,
der leider nicht mehr hampeln kann.

Hier eine Kuh und dort ein Schwein!
Ein Schornsteinfeger ohne Leiter,
Piepvögel, Hunde und so weiter –
ja selbst ein dicker Elefant
kommt ohne Rüssel angerannt!
Der mußte erst mit viel Beschwerden
am Schwänzchen eingefangen werden! –
Das mäht
und kräht
und lärmt und lacht
und freut sich, daß es heil gemacht!

Viel Spielzeug, schadhaft vorn und hinten:
die Helme, Säbel und die Flinten –
was so ein rechter Junge braucht:
'ne Dampfmaschine, die nicht raucht,
Kanonen, die nicht schießen wollen,
auch Eisenbahnen, die nicht rollen,
und Schaukelpferdchen ohne Schwanz –
kurz alles, was nicht heil und ganz.

Das wird nun säuberlich sortiert
und nachgezählt und numeriert,
damit zu Weihnacht jedes Kind
sein richtig Spielzeug wiederfind't
und kein Verwechseln möglich sei.
Das gäbe sonst ein schön Geschrei!

Dann geht es in die Schneiderei
und Tischlerei und Wäscherei:
Da wird gehämmert und geklopft,
geflickt, gewaschen und gestopft,
geleimt, gebügelt und genäht,
nach links gewendet und gedreht,
geputzt, gestrichen und lackiert,

gekämmt, gebürstet und frisiert –
bis jedes Ding, was es auch sei,
blitzblank und wieder nagelneu!
Und endlich stehn sie alle dann
und schauen sich verwundert an:
„Ach, bist du schön!" „Ei, bin ich fein!"
Und jedes will das Schönste sein.

Knecht Ruprecht aber, der Weihnachtsmann,
sieht schmunzelnd sich dies Treiben an,
wandelt umher und gibt fein acht,
daß alles wird sauber und recht gemacht.

Hat sich wohl manchmal auch selber gebückt
und hier gebastelt und dort gerückt –
was dann natürlich besonders schön
und hold und himmlisch war anzusehn.

Dahinein kam nun plötzlich in kühnem Bogen
– hurr, burr – unser Flügelmatz geflogen,
schwenkte sein Säcklein, lachte und schrie:
„So etwas Lustiges saht ihr noch nie!"

Hui – kam da gleich der himmlische Haufen
geflattert, geflogen und angelaufen,
weil auch dort oben die Engelskind'
alle schrecklich neugierig sind.
Und war ein Gerate hin und her,
was denn wohl in dem Säcklein wär'?
Trat auch Sankt Peter noch herzu
und brummte: „Naa –? Wo warst denn du?
Mußt immer bummeln, he, mein Lieber?"
Und wutsch – hat er einen Nasenstüber!

Da lachte der ganze himmlische Hauf,
und Sankt Peter sagte: „Nun mach einmal auf!"
Da krabbelten aus dem Säcklein heraus
der Teddybär und die Lieselmaus.
Und Teddylein schämte sich gar sehr,
daß es so ganz ohne Häcksel wär'
und hinten nichts hätt' als Furchen und Falten!
Hätte gerne die Hand davorgehalten,
daß es kein Englein merken möcht',
aber ohne Arme – da geht das schlecht!

Die Liesel aber hat gleich gelacht
und vor Sankt Peter ein Knickschen gemacht,
beguckt' seinen Bart sich und sagte dann:
„Du bist wohl der liebe Weihnachtsmann?"

Darüber freuten die Englein sich sehr,
sie hopsten lustig die Kreuz und die Quer
und tanzten um beide mit viel Geschrei
den Ri-ra-rutsch und den Ringelreih.

Wie sie nun tanzten und fröhlich sprangen,
da ist das Christkind vorübergegangen,
und als es die armen zwei Püppchen gesehn,
da blieb es vor herzlichem Mitleid stehn,
fragte auch liebreich: „Wo kommt ihr denn her?"
– und wie denn das Unglück geschehen wär'?
Dann hat es der Lies übers Köpflein gestrichen –
da war auch das böse Loch schon gewichen,
und auch das Näslein war wieder schön,
und es fehlte nicht eine von allen Zeh'n!

Und als es desgleichen beim Bärlein getan,
gleich wuchsen zwei schöne Arme ihm an,
und hinten ward alles wieder rundlich und voll,
wie's eben ein Teddylein haben soll.
Dann haben die Engel die zwei genommen,
und die Lies hat ein neues Kleidchen bekommen
und der Teddy ein himmelblau Seidenband.
Damit ist er stolz herumgerannt
und hat gebrummt und getanzt wie toll,
und die Englein fanden das wundervoll.

So war denn endlich alles so weit.
Da drängte Knecht Ruprecht: „'s ist höchste Zeit!
Heraus mit den himmlischen Reisewagen!
Und alles vorsichtig hineingetragen,
daß nichts zersplittert und nichts zerbricht!

Und verliert unterwegs die Hälfte nicht!
Putzt euch die Flügel und säubert das Kleid,
auf daß ihr dem Christkind willkommen seid!
Betragt euch himmlisch bei all eurem Tummeln!
Und Flügelmatz soll nicht wieder so bummeln!"

Und wie er's geboten, so ward es vollbracht.
Und nun war sie da, die heilige Nacht!

Wer hat den Zug gesehen
aus heiliger Himmelshöh'
zur Erde niederwehen
wie eine Wolke Schnee?
Und sah die Englein fliegen
im schimmernden Gewand
und sich herniederwiegen
ins dunkle Menschenland?

Voran mit Jubilieren
der Musikanten Schar –
zu dreien und zu vieren,
dann wieder Paar um Paar!
Das wogte und das wallte
die Sternenwelt entlang,
und süß und selig schallte
der himmlische Gesang.

Dann schwebte ganz alleine,
von Lilien überdacht,
in Gottes Glorienscheine
das Christkind durch die Nacht.
Von seinem Weihnachtssterne
gar wundersam erhellt,
erglänzte nah und ferne
die winterliche Welt.

Zuletzt die Sternenwagen
mit all dem Spielzeug drin,
bekränzt und goldbeschlagen
und voll bis oben hin!

Es zogen an den Stänglein
nach altem Himmelsbrauch
die hundert kleinsten Englein,
und hundert schoben auch.

Fand jedes sein Gefallen
an solchem Ehrenplatz.
Doch heimlich hinter allen,
da flog der Flügelmatz!

Er flog ganz ohne Sorgen
so hinterm Zug daher
und hielt im Arm verborgen
die Liesel und den Bär.

Und war auf ihrer Reise
kein Späher ringsherum,
dann rief er lieb und leise:
„Schnell, schaut euch einmal um!"

Dann schob das Puppenpärlein
flugs beide Näschen raus:
Nach rechts das Teddybärlein,
nach links die Lieselmaus.

So schauten alle beide
auf stillverborgnem Flug
glückselig und voll Freude
den ganzen Himmelszug –

bis alles rauschend schwenkte
zur Erde nieder bald
und leis die Flügel senkte
in einem Tannenwald.

Nun hub im tiefverschneiten Tann
ein köstlich Weihnachtswunder an!
Denn alsobald, als jedes seinen Flug vollendet
und aus des Himmels Wolkenhöhn
zur Erde seine Fuß gewendet,
da schritt das Christkind durch den Wald
gleich wie durch einen Liliengarten,
die schönsten Bäume zu ersehn,
die dort schon voller Freude harrten
und in Erwartung doppelt schön.
Und wo es dann ein rechtes fand
und rührte mit der heil'gen Hand
ganz leicht nur an den grünen Spitzen,
gleich fing das Bäumlein an zu blitzen
und wurde flugs – man glaubt es kaum -
zum allerschönsten Weihnachtsbaum.
Und stand es nun so, voll Beglücken
und fast beschämt von all dem Glanz,
hellschimmernd in der Kerzen Kranz –
husch, flog ein Engelein herzu,
ergriff das Strahlende im Nu
und trat zurück auf seinen Platz,
es schön mit Gaben auszuschmücken.

Als letzter flog der Flügelmatz,
und – war es Zufall oder nein? –
das schönste Bäumchen wurde sein!
Des freuten sich natürlich sehr
die Liesel und der Teddybär,
weil sie ganz sicher sich gedacht,
daß dieses Weihnachtsbäumleins Pracht
für Rudi und für Rosel sei,
und waren kreuzvergnügt dabei.

Als jedes Bäumchen dann genug
mit Schmuck und Gaben war behangen,
da ist der lichte Himmelszug
leis singend wieder weitergangen.
Und wo sie so vorüberzogen
– die kleinsten wohl einmal geflogen –
und all die Wagen hinterdrein,
da war ein Glitzern und Gefunkel,
als wär's der hellste Sonnenschein.
Und Rehe traten aus dem Dunkel,
die Häslein hoppten aus dem Tann
uns staunten froh das Wunder an.

Die Vöglein hüpften in den Zweigen
vor Freude, sich den Zug zu zeigen,
und huben an, in lieblichen Weisen
die heilige Nacht und das Christkind zu preisen
flogen hin
flohen her
die Kreuz und die Quer –
mehr, immer mehr:
Die zierlichen Meisen,
die lustigen Finken,
die Amseln, die flinken,
der Specht, und der Spatz –
auf dem vordersten Platz!
Sogar die Häher trauten sich näher.
Und war ein Gezwitscher und Flügelschlagen
besonders bei den Spielzeugwagen,
daß laut vom Jubel erscholl der Wald!

Und seht, da macht' das Christkind halt,
hob die Hände und segnete mild
die Vöglein alle, den Wald und das Wild,
sprach: „Heute ist die heilige Nacht,
die den Menschenkindern den Frieden gebracht.
Und wie sie deshalb mit frohen Geschenken
einander unter dem Christbaum bedenken,
so sollt von diesen himmlischen Gaben
auch ihr eine Weihnachtsfreude haben,
damit ihr es merkt und alle wißt,
daß Gott auch der Tiere nicht vergißt!"
Drauf hat es freundlich gewinkt mit der Hand –
da kam ein Englein angerannt
und gleich ein zweites und dann noch mehr,
und jedes trug sein Bäumchen her.
An jedem hing das Schönste dran,
was sich ein Tierlein nur wünschen kann.

Da gab's ein Jauchzen und Jubilieren,
ein Pfeifen und Flöten und Tirilieren,
      ein Drängeln
         und Drücken,
      ein Knabbern
         und Picken –
und wer bisher noch schüchtern und scheu,
oder von allem noch gar nichts gewußt,
der kam nun schleunigst auch herbei
und schmeckte und schmauste nach Herzenslust.
Von ferne und nah war alles da!
Und keiner tat dem andern ein Leid –
das machte die selige Weihnachtszeit!

Nur Peter, der Igel, der schnarchte fest
in seinem molligen Winternest,
wie eine Kugel zusammengerollt.
Er träumte gerade so wunderhold,
seine Stacheln wären aus lauter Gold –
da hat er das ganze Fest verschlafen!
Doch sollte man ihn dafür bestrafen?
      O nein!
Auch ihm hat ein Englein zu allerletzt
ein niedliches Bäumchen vors Häusel gesetzt,
mit güldenen Tannennadeln besteckt,
hat ihn mit He und Hallo geweckt
und einmal um sich selber gerollt.

      Dann hat es sich kichernd davongetrollt.
      Na, als er erwacht,
         da hat der Peter mal Augen gemacht!

Dies alles erlebten – und noch viel mehr –
die Lieselmaus und der Teddybär.
Aber das Lustigste von allen,
und was den zwei Schelmen am besten gefallen,
das war doch hinter dem Purzelberge
die Weihnachtsbescherung der Wichtelzwerge.

Den Purzelberg, den kennt ihr doch wohl?
Ein Felsen von außen, doch innen ganz hohl,
wo die Wichtelmännlein zu Hause sind –
na also, das weiß ja jedes Kind:
  Wo sie hämmern und hacken
  sich plagen und placken,
  schaufeln und schürfen,
  schmelzen und sieden,
  Krönlein zu schmieden,
Krönlein mit güldenen Zinken und Zacken,
Ketten und Spangen, Reifen und Ringe,
die kostbarsten Dinge,
die man sich immer nur wünschen mag!
So geht es nun den ganzen Tag:
  Di hicke, di hacke,
  di picke, di packe,
  di pinke, di pank
  die Gänge entlang,
daß man ganz fein im fernen Tann,
das silberne Hämmern hören kann.

Doch ist da Tagewerk geschehn,
eh' sie im Moosbett schlummern gehn,
da krabbeln sie lustig die Höhe hinan

und schlagen von oben alle putzmunter
lauter Purzelbäume den Berg hinunter.
Dabei hat noch keiner Schaden genommen –

und daher ist denn der Name gekommen.

Dort hielt nun der ganze himmlische Zug,
der so viel Schimmer und Freude trug.
Drei Engelbuben sprangen voraus,
stellten sich vor das Felsenhaus
und schrien: „Wichtelmännlein heraus!
Heraus, heraus! Heda! Christkind ist da!
Will euch bescheren! Könnt ihr nicht hören?"

Da kommt es plötzlich mit Poltern und Schnaufen
aus dem Purzelberge herausgelaufen,
drängt sich und zwängt sich durch Klüfte und Spalten
und läßt sich nicht halten.
Nur heraus, heraus aus dem felsigen Haus!
Alles Wichtlein mit Runzelgesichtlein,
sehr gelehrten,
vor Freude verklärten,
mit so langen Bärten,
lachten und riefen:
„Eia, eia,
Christkind ist da!"
Und hin wie der Wind
zum himmlischen Kind!

Dort haben sie höflich ihr Käpplein gerückt,
wie es für feine Leute sich schickt,
und den allerschönsten Kratzfuß gemacht –
da haben die Englein aber gelacht!
Und das Christkind ist ihnen gar hold begegnet,
hat jeden begrüßt, geherzt und gesegnet,
hat nach allem gefragt:
Wie's ihnen behagt
in der Erde Schoß.
Na, und dann ging die Bescherung los!

Es schleppten zuerst der Englein drei
einen wundervollen Christbaum herbei
mit bunten Kerzen,
mit Zuckerwerk und Lebkuchenherzen,
auf dem von des Christkinds eigener Hand
der Name des Wichtleins geschrieben stand:
      Der Mucki, der Pucki,
        der Schnurps und der Schnucki,
        der Butz und der Boll
          der Trumm und der Troll
mit den listigen Falten –
wer kann die Namen alle behalten!

Das war ein Jubel und ein Geschrei:
„Juchhe!" und „Juchhei!"
Waren alle aus Rand und Band,
bis jeder sein richtiges Herzchen fand.
Dann kamen die andern Geschenke dran,
wie sie ein Wichtlein gut brauchen kann:
Für jedes ein Käpplein, blitznagelneu,
mit einer knallbunten Feder dabei.
Zwei saubere Söcklein,
ein Sonntagsröcklein,
Lederschürzchen und Bergmannsschuh!
Und ein Pfeifchen und Tabak, das gab es noch zu.

Die Wichtlein täten sich beinah schämen
und wollten zuerst rein gar nichts nehmen.
Doch dann haben sie alles anprobiert
und sind fürnehm darin herumstolziert.
Bald aber konnten sie's nicht mehr lassen,
sie mußten sich an den Händlein fassen
und schwenkten mit wildem Gestampf und Gebrumm
den Purzelgalopp um den Christbaum herum:
Di rumpel, di pumpel! Juchei und hallo!
Und die Bärte und Beinchen, die flogen nur so!

Als solches Gehüpf nun die Englein erblickt,
da hat es auch sie in den Zehen gezwickt,
und um das Gestampf und Wichtelgebrumm
schwebten sie in holdem Reigen herum –

bis das Christkind mahnte: „Genug, genug!
Herbei, alle Englein, zum Weiterflug!
Geschwind, geschwind, daß beim Menschenkind
mit den Gaben wir pünktlich zur Stelle sind!"

Da gab's dann ein schnell Auseinandergehn,
ein jeder sagte: „Auf Wiedersehn!"
Und die Wichtlein haben noch lange gewinkt,
bis das letzte himmlische Leuchten verblinkt –
hockten sich unter den Christbaum dann,
steckten sich schmunzelnd die Pfeifchen an,

und der älteste von den uralten Knaben
seufzte: „Das müßte man immer so haben!"
Die andern haben dazu genickt
und den Blauringelwölkchen nachgeblickt –
bis Mucki meinte: „Bei meinem Hut!
Das Christkind ist lieb! Und der Tabak ist gut!"

Aus dem dunklem Schoß der Wälder,
über Wiesen, Strom und Felder,
schneller als des Adlers Flug,
bald zu Wolken sich erhebend,
jäh dann wieder abwärts strebend,
braust dahin der Engel Zug.

„Seht ihr dort die Türme winken
und die Weihnachtsfenster blinken
über Gassen und Gewühl?
Glocken dröhnen, Menschen jagen –
rasch das Spielzeug aus den Wagen!
Sputet euch! Wir sind am Ziel.

Nun hinab! Und windesschnelle
jedes Ding an seine Stelle,
wo ihr's nahmet, hingebracht!
Das ein jedes Kind geschwinde
seine Sachen wiederfinde,
aber neu und heil gemacht!"

Hui, da flattert, flockt und fliegt es,
wogt und wirbelt, weht und wiegt es
über Gassen, Dom und Platz!
Hier sich eilend, dort verweilend,
all die Gaben recht verteilend ..
Ganz zuletzt – der Flügelmatz!

Fröhlich durch die Lüfte bummelnd,
sich ein Himmelsliedchen summelnd,
treibt er so von Haus zu Haus.
Und aus seinem Ärmel blicken
voller Neugier und Entzücken
Teddylein und Lieselmaus.

So aus allernächsten Nähen
heimlich durch die Fenster spähen,
ach, wie ist das wunderschön!
Lichterhellte Weihnachtsräume,
Gabentische, Tannenbäume –
alles, alles kann man sehn!

Wieder dann in vollen Chören
all die Weihnachtslieder hören
hin und her im Widerhall!
Auf der Gasse Menschentrubel,
in den Häusern Kinderjubel – !
Weihnacht, Weihnacht überall!

Aber dort – in dunklem Stübchen
liegt ein armes, krankes Bübchen,
einsam in der heil'gen Nacht!
„Woll'n wir ihm nicht zum Gedenken
unser schönstes Bäumchen schenken?"
Und schon ist das Werk vollbracht.

Lichtgekränzt, mit bunter Kette,
prangt das Bäumlein vor dem Bette,
sanfter wird des Bübchen Ruh'.
Wie im Traume hört es singen,
und die weißen Engelschwingen
fächeln ihm Genesung zu.

Schnell noch ein paar Zuckersachen
und ein Bilderbuch zum Lachen,
auch ein Wämslein, warm und dicht!

„Rasch, daß er uns nicht entdecke!"
Husch – schon sind sie um die Ecke,
und das Stübchen strahlt im Licht.

Und so geht es lieb und heiter
auf der Weihnachtsreise weiter –
hier hinein und dort hinaus!
Auf und nieder! Bis die beiden
plötzlich jauchzen voller Freuden:
„Teddy!" „Liesel!" „Unser Haus!"

Wie sie zappeln vor Vergnügen,
selig sich im Arme liegen
und dann wieder herzlich flehn:
„Flügelmatz, du guter, lieber,
halt! Dort schaffe uns hinüber!
Lebe wohl! Und – danke schön!"

Schwupp-di-wupp – schon sitzen beide
heil, im neuen Festtagskleide,
auf dem schönsten Weihnachtsplatz!

Kinder jubeln, Lichter blinken!
Noch ein letztes Weh'n und Winken –
hurr, fort ist der Flügelmatz!

Und nun ist mit Lust und Prangen
auch dies schöne Fest vergangen,
still und dunkel liegt das Haus.
Alles schläft und ruht sich aus.
Und es schlummern süß auch sie,
Rudimann und Roseli,
brav in ihren Bettchen.

Aber fest in ihren Armen,
in den zärtlich weichen, warmen,
liegt das Schelmenpuppenpaar,
das so weit gewandert war –
selig wie im Paradies:
Rechts der Teddy, links die Lies.
Doch – sie schlafen nimmer!

Was sie schauten und erlebten,
was sie froren, flogen, schwebten,
Himmelfahrt und Paradeis,
Waldeszauber, Wichtelreif' –
alles dies erzählten sie
Rudimann und Roseli
lieb und leis im Traume.

Und so ist es nun gekommen,
daß die Eltern es vernommen,
und von diesen hörten dann
Maler es und Dichtersmann.
Herrlich! haben sie gedacht,
dieses Buch daraus gemacht,
und nun wissen's alle.